Übungsreihen für Geistigbehinderte
Heft K 1

Kerstin Gebauer

Werken mit mehrfach behinderten SchülerInnen

Werktechnische Bildung unter förderpädagogischem Aspekt

Übungsreihen für Geistigbehinderte
– Konzepte und Materialien –
Hrsg. Susanne Dank

Lehrgang K:
Kunst / Werken / Gestalten **Heft K 1**

Kerstin Gebauer

Werken mit mehrfach behinderten SchülerInnen

Werktechnische Bildung unter förderpädagogischem Aspekt

verlag modernes lernen - Dortmund

Herstellung: Löer Druck GmbH, 44139 Dortmund

Bestell-Nr. 3637 ISBN 3-8080-0496-7

Inhalt

1. Vorbemerkungen

Anhand von Arbeitsbeispielen wird die Problematik der werktechnischen Bildung bei mehrfachbehinderten SchülerInnen unter förderpädagogischen Aspekten erläutert. Ausgewählte Techniken sind als Stufenprogramm aufgebaut, in der Praxis erprobt und sollen als Anregung dienen. Um den SchülerInnen ein erfolgreiches und lustbetontes Lernen zu ermöglichen, sollten folgende Prinzipien bei der Planung der Unterrichtsvorhaben beachtet werden:

- Die exakte Ermittlung und detaillierte Formulierung des Förderbedarfs bildet die Grundlage für die Auswahl der Werkvorhaben.
- Die Vermittlung von Lehrplaninhalten richtet sich weder nach dem Lebensalter der SchülerInnen, noch nach der Klassenstufe, in welcher sie beschult werden. Ausschlaggebend kann nur ihr tatsächlicher Entwicklungsstand sein.
- Die Rahmenbedingungen sind von den PädagogInnen so zu gestalten, dass sie den Bedürfnissen der SchülerInnen entsprechen. Es ist zu prüfen, ob und wie relativ homogene Lerngruppen klassenübergreifend gebildet werden müssen, der zeitliche Umfang der Unterrichtseinheiten von den üblichen Regelungen abweichen muss und ob eventuell auch Einzelunterricht dem Gruppenunterricht vorzuziehen wäre.
- Falls sich die SchülerInnen in therapeutischer Behandlung befinden, sollten Absprachen zum aufeinander abgestimmten Vorgehen regelmäßig stattfinden.

Die Ausführung der beschriebenen Arbeitsbeispiele fand unter Beachtung der oben genannten Prinzipien, sowie der strengen Einhalten der einzelnen Stufen der Anforderungen statt und führten zu erkennbaren Lernerfolgen bei den beteiligten SchülerInnen. Diese Vorgehensweise ist auf andere Lernplaninhalte sowie auch auf SchülerInnen mit anderen Behinderungen bzw. Auffälligkeiten übertragbar.

2. Erläuterungen zum vorliegenden Stufenprogramm

In der Regel absolvieren die SchülerInnen 12 Schuljahre, welche sich in ihrem Verlauf für jedes Kind / jeden Jugendlichen sehr unterschiedlich gestalten. Diese oft gravierenden Unterschiede treten u.a. auch wegen der sehr differenzierten Schädigungsbilder auf.
Jeder Unterricht orientiert sich an den Phasen der Persönlichkeitsentwicklung, den individuellen Bedürfnissen und Voraussetzungen der SchülerInnen. Wie dieser Anspruch speziell im Werkunterricht erfüllt werden kann, wird anhand konkreter Arbeitsbeispiele erläutert, welche im Lernbereich „Papier – Pappe“ angesiedelt sind.
Die Grundlage dafür bildet ein Stufenprogramm, welches das Heranführen an bestimmte Techniken, deren Üben und Anwenden, bezogen auf den Entwicklungsstand der SchülerInnen, beschreibt.

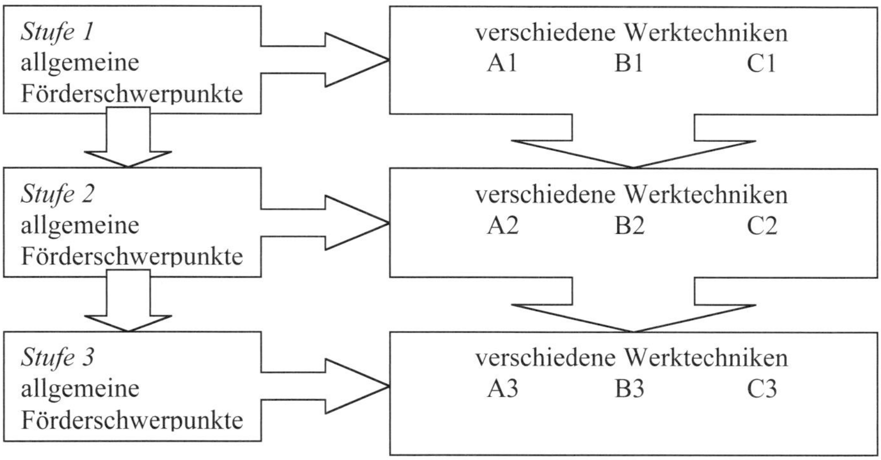

Diese Skizze soll verdeutlichen, dass es sich um die gleichen Werktechniken (A, B und C) handelt, welche sich stufenweise in ihren Anforderungen verändern. Das Lernen in konzentrischen Kreisen ist mit dieser Variante vergleichbar.
Die Auswahl der Techniken, aber auch die Rahmenbedingungen des Unterrichtes, sowie das methodisch-didaktische Vorgehen ergeben sich aus den beabsichtigten Förderschwerpunkten der jeweiligen Stufe.
Diese Schwerpunkte werden für jede Stufe zunächst unter 3.1 bis 3.3 ausführlich formuliert. Sie entstanden auf der Grundlage der Entwick-

lungsstände der SchülerInnen, soweit diese verallgemeinert werden können. Sie sollen der Orientierung dienen und ersetzen nicht die individuellen Förderpläne. Man könnte die drei Stufen in Kurzfassung etwa so beschreiben:

1. Stufe – entwicklungsorientierter Unterricht

Die normale kindliche Entwicklung in den Bereichen Wahrnehmung, Motorik, Denken, Sozialverhalten und Kommunikation dient der Orientierung unter Berücksichtigung schädigungsspezifischer Erscheinungen. In diesem Unterricht soll die Persönlichkeitsentwicklung soweit vorangebracht werden, dass die SchülerInnen über eine stabile Ausgangssituation für das weitere Lernen im Fachunterricht verfügen. Die angebotenen Techniken dienen dabei als Mittel zum Zweck. Es handelt sich nur entfernt um werktechnische Bildung und Erziehung.

2. Stufe – fachbezogener Unterricht

Nun erwerben die SchülerInnen fachspezifisches Wissen und Können, sie eignen sich handwerkliche Fähigkeiten und Fertigkeiten an und erlernen den sachgemäßen Umgang mit Werkzeugen, Material und Hilfsmitteln.

3. Stufe – handlungsorientierter oder anwendender Unterricht

In dieser Stufe bereiten sich die Jugendlichen auf ihr späteres Berufsleben in einer WfB und auf ihr Leben als Erwachsene vor. Die angeeigneten Werktechniken nutzen sie nun, um Produkte herzustellen. Sie wenden ihr Wissen an, organisieren die Arbeitsabläufe selbständig, arbeiten eigenverantwortlich. Der Schwerpunkt liegt jetzt in der Entwicklung von Handlungskompetenz und Selbständigkeit im Arbeitsprozess.

Mir ist bewusst, dass die Bezeichnung der einzelnen Stufen nicht ganz korrekt ist. Aspekte der einen Stufe finden sich auch jeweils in den beiden anderen wieder. Es erscheint mir aber dennoch wichtig, die einzelnen Stufen *schwerpunktmäßig* zu unterscheiden. Außerdem sei noch angemerkt, dass es sich bei der Entwicklung um einen *dynamischen Prozess* handelt. Die Übergänge gestalten sich fließend und individuell sehr unterschiedlich. Wie lange ein Kind / Jugendlicher nach den Schwerpunkten einer Stufe unterrichtet wird, ist nicht vorherzusagen.

3. Allgemeine Förderschwerpunkte der Stufen 1 bis 3

3.1 Stufe 1 – allgemeine Förderschwerpunkte

Alle Angebote sind darauf ausgerichtet, dass die SchülerInnen aus dem eigenen Antrieb heraus *aktiv* werden. Material und Situation müssen so viel Aufforderungscharakter besitzen, dass *Interesse und Aufmerksamkeit geweckt werden.* Vorerst wird sich das *Handeln im Sinne von Experimentieren und Ausprobieren* vollziehen, was auch akzeptiert werden sollte. Wurden ausreichend *Materialerfahrungen* gesammelt, werden die SchülerInnen an das Arbeiten nach bestimmten *Regeln bezüglich des Aufgabenverständnisses* herangeführt. Behutsam werden Anregungen / Impulse zum beabsichtigten Handeln gegeben. Dies sollte in kleinen, überschaubaren Schritten erfolgen, an den bereits gemachten Erfahrungen anknüpfen und dem allgemeinen Entwicklungsstand der SchülerInnen entsprechen. Dabei sind individuelle Auffälligkeiten oder Störungen, welche die zu erbringende Leistung beeinflussen, zu beachten. Sie können u.a. angesiedelt sein in den Bereichen der Wahrnehmung (z.B. Figur – Grundwahrnehmung, Wahrnehmungskonstanz, taktile Wahrnehmung, visuelle Wahrnehmung), der Motorik und Koordination (Kinästhesie, taktil-kinästhetischer Bereich, Hand-Handkoordination), der Handlungs – und Bewegungsplanung (Praxie), usw.
Die Techniken sind so zusammengestellt und aufeinander abgestimmt, dass sie den SchülerInnen ermöglichen, *einfach strukturierte motorische Grundfertigkeiten* zu entwickeln, welche für spätere Lerninhalte notwendig sind. Die Einführung in den *Umgang mit Werkzeugen und Hilfsmitteln* erfolgt ebenfalls auf dieser Stufe. Alle Übungen werden so lange durchgeführt, bis die beabsichtigten Lernziele als gesichert angesehen werden können. Es werden einige Unterrichtsstunden vergehen, bis beispielsweise ein Mappendeckel beklebt ist. Durch das sich wiederholende Üben ein und derselben Technik an dem gleichen Objekt wird es den SchülerInnen gelingen, ihre gemachten Erfahrungen fehlerfrei abzuspeichern. Dadurch gelangen sie in der Regel zu immer mehr Sicherheit. Dies wirkt sich positiv auf ihre Motivation auf. Sind die SchülerInnen aufgrund dieser Erfahrung mit Lust und Freude bei der Sache, können auch die *Ausdauer* und das Durchhaltevermögen entsprechend gesteigert werden. Die allmähliche Veränderung des zu bearbeitenden Einzelteils muss für die SchülerInnen deutlich erkennbar sein. Nur wenn der Unterschied zwischen „Vollständigkeit" und „Unvollständigkeit" offensichtlich ist, bzw. auch im Vergleich mit einem Modell verdeutlicht wird, werden die SchülerInnen ein

ergebnis- bzw. zielorientiertes Arbeiten entwickeln. (Vorerst im Sinne von „Beenden“ der Zwischenschritte, nicht bezogen auf ein in mehreren Schritten hergestelltes Werkobjekt).

Entwicklungsorientierte Schwerpunkte:

- Interesse und bewusst gesteuerte Aufmerksamkeit wecken,
- Aktivität als Reaktion auf den Aufforderungscharakter von Material und Situation,
- Materialerfahrungen sammeln,
- Aufgabenverständnis entwickeln,
- motorische Grundfertigkeiten ausbilden,
- Umgang mit ausgewählten Werkzeugen und Hilfsmitteln,
- Schulung der Ausdauer,
- ergebnis – und zielorientiertes Arbeiten entwickeln.

3.2 Stufe 2 – allgemeine Förderschwerpunkte

Die Fähigkeiten und Fertigkeiten, welche sich die SchülerInnen in der 1. Stufe angeeignet haben, bilden die Grundlage für ein erfolgreichen Vorgehen in der 2. Stufe. Während es sich vorher mehr um ein entwicklungsorientiertes unterrichten handelte, geht es nun zunehmend um einen fach- und sachbezogenen Unterricht. Den SchülerInnen werden spezielle *Werktechniken und dementsprechende Lehrplaninhalte* vermittelt. Diese ergeben sich aus der Anlehnung an den Lehrplan für geistig Behinderte und werden der Mehrfachbehinderung entsprechend modifiziert. Der Werkunterricht verläuft nicht eindimensional in Richtung manueller Fertigkeiten, sondern mehrdimensional im Sinne der Förderung der Persönlichkeitsentwicklung der SchülerInnen. Grundlage dafür bilden wieder die *individuellen Förderschwerpunkte.* Soll die Arbeit von Erfolg gekrönt sein, ist es unerlässlich, dass alle an der Bildung und Erziehung Beteiligten, eng zusammen und aufeinander abgestimmt tätig werden.
Beginnend mit einfach strukturierten Aufgaben soll auf die Bewältigung komplexer Werkvorhaben hingearbeitet werden. In der 1. Stufe stellte sich die Frage „Was braucht die Schülerin / der Schüler und welche Technik ist dafür geeignet?“ Nun ist das Unterrichtsprinzip wie folgt aufgebaut: *Welche Technik, Fähigkeiten, Fertigkeiten, Kenntnisse und Inhalte* sollen vermittelt werden und wie können diese *adäquat den individuellen Bedingungen und Bedürfnisse* dargeboten werden?

Sach- und fachbezogene Schwerpunkte:

- Aneignung spezieller Werktechniken,
- sachgerechter, sorgfältiger Umgang mit Material, Werkzeugen und Hilfsmitteln,

- Zuordnung von Material, Technik und Werkzeug (z.B. Papier – Schneiden – Schere),
- Abschätzen von Größen, Mengen, Maßen, Hilfsmaßen,
- maßvolles Portionieren,
- Aufgabenverständnis anhand komplexer Vorhaben entwickeln,
- Kritikfähigkeit durch Vergleichen mit Modell entwickeln,
- Erfahrungen mit Gruppen – oder Partnerarbeit sammeln,
- Arbeitsschutz beachten.

3.3 Stufe 3 – allgemeine Förderschwerpunkte

In dieser Stufe sollen die SchülerInnen langfristig auf die Arbeit in einer Werkstatt für Behinderte vorbereitet werden. Wesentliches Ziel des Unterrichts ist die Befähigung zum *planvollen, selbständigen und eigenverantwortlichen Handeln.* Die in der 2. Stufe angeeigneten Fähigkeiten und Fertigkeiten geben den SchülerInnen die notwendige Sicherheit, um sich zunehmend der *Organisation und Planung* ihres Handelns zu widmen. Ausgestattet mit stets abrufbaren Sachkenntnissen und durch das sichere Beherrschen von Grundtechniken, soll es ihnen gelingen*, komplexe Werkaufgaben mit größt möglicher Selbständigkeit zu bewältigen.* Es geht also nicht mehr vordergründig darum, wie welche Technik ausgeführt wird, sondern um das *sinnvolle Aneinanderreihen der einzelnen Arbeitsschritte*, um eine Werkobjekt von Anfang bis Ende selbständig herzustellen. Modelle, Skizzen, und fotografische Arbeitsabfolgen gewinnen an Bedeutung. Der *kognitive Aspekt* der Arbeit tritt stärker in den Vordergrund. Außerdem werden zu bekannten Techniken Varianten angeboten, welche *individuelle Gestaltungsmöglichkeiten* fördern. Dadurch werden Fantasie und Kreativität entwickelt. Da die SchülerInnen über unterschiedliche, ihrer Persönlichkeit zu Grunde liegende Voraussetzungen und Bedingungen verfügen, entwickelt ein Jeder von ihnen auch seinen *eigenen Stil.* Diese Tendenz ist unbedingt zu fördern und zu bestätigen, soweit dadurch keine gravierenden qualitativen Einschränkungen im Gebrauch der Werkobjekte verursacht werden.
Im Hinblick auf die zukünftige Arbeit in einer WfB müssen die SchülerInnen *Ausdauer und Belastbarkeit* trainieren. Deshalb findet der Unterricht in dieser Stufe als Doppelstunden bzw. auch in 4 zusammenhängenden Unterrichtsstunden statt. Angestrebt wird ein „Werktag“ von 6 Stunden. Des Weiteren ergeben sich aus den genannten Ansprüchen auch Konsequenzen organisatorischer und methodischer Art. So wird mehr *lehrgangs- oder kursähnlich* und *projektbezogen* unterrichtet, *Partner- und Gruppenarbeit* spielen eine große Rolle, wie auch das Einrichten von *Fließstrekken.* Die Lehrerrolle verändert sich dahingehend, dass sich die jungen

Erwachsenen nicht ständig beaufsichtigt und kontrolliert, aber auch nicht allein gelassen fühlen. Eine *freudvolle, lustbetonte Arbeitsatmosphäre* soll selbstverständlich sein. So können sich Steuerungsprozesse bezüglich des *Arbeitsverhaltens* positiv entwickeln. Die SchülerInnen sollen befähigt werden, momentane individuelle Bedürfnisse in verantwortbarer Weise zurückzustellen und sich konzentriert auf den Arbeitsprozess einzulassen.

Handlungsorientierte Schwerpunkte:

- bewusst auf ein konkretes Fernziel (langfristig) orientiert arbeiten,
- selbständige Arbeitsorganisation,
- Entwicklung von Handlungs – und Entscheidungskompetenz,
- Schulung von Konfliktfähigkeit,
- Befähigung zur Entwicklung von Lösungsstrategien,
- eigenverantwortlicher Umgang mit Material, Werkzeug und Produkt,
- erworbenes Wissen und Können variabel auf andere Situationen übertragen,
- bewusst gesteuertes Arbeitsverhalten entwickeln,
- angemessenes Sozialverhalten schulen,
- Ausdauer und Anstrengungsbereitschaft steigern,
- Vertrauen in die eigene Leistungsfähigkeit durch Erfolgserlebnisse fördern.

4. Herstellen von Kleisterpapier

Material:	Papier Klebeband Tapetenkleister Abtönfarben Pinsel Stäbchen, Kämmchen, Schwämmchen verschließbare Gefäße für die Kleisterfarben
Vorbereitung:	Der Kleister wird mit warmen Wasser angerührt (auf 1 Liter Wasser etwa 4 gehäufte Esslöffel Pulver). Nach dem Quellen, etwa 30 Minuten, sollte der Kleister zähflüssig sein. Ist er zu breiig, kann mit warmem Wasser noch verdünnt werden. Anschließend wird er mit Abtönfarbe kräftig eingefärbt.
Arbeitstechniken:	– Kleisterpapier mit gestalteter Oberfläche, – Abklatschtechnik.

Systematische Vorgehensweise nach dem Stufenprogramm

Stufe 1

Auf dem Arbeitsplatz ist ein weißer Bogen Papier (nicht größer als A3) befestigt. Vor den Augen des Kindes werden mit einem Stäbchen 3 – 4 Tropfen von dem satt eingefärbten Kleister aufgetragen. Wenn dieser Vorgang von dem Kind beobachtet wird, ist der erste Schritt schon getan. Der wahrgenommene farbliche Kontrast ist dann oft Anlass dafür, diesen Tropfen mit dem Finger zu berühren. Es folgen Handlungen, welche von Kind zu Kind verschieden sind. Vom Tupfen, Schmieren bis zum Verreiben ist alles möglich und zulässig. Ohne eine konkrete Aufforderung reagiert das Kind auf einen Reiz und wird aus eigenem Antrieb aktiv. Es entwickelt die beabsichtigte innere Anteilnahme am Geschehen. Durch die Beschaffenheit des Farb-Kleistergemisches wird das Kind angeregt, mit seinen Fingern und dem Material spielerisch, experimentierend umzugehen. Sind die ersten Tropfen langsam „bearbeitet" und nun schon fast trocken, werden neue Tröpfchen aufgetragen. Diese Übung macht den Kindern Freude und es ist ein lustbetontes Hineinsteigern zu beobachten. Sie erhalten beim Verreiben der Farbtropfen einen unmittelbaren, eindeutig sichtbaren Eindruck vom Ergebnis ihres Handelns. Diese Angebot ist geeignet, um Aufmerksamkeit und Interesse zu wecken. Nun kann die Ausdauer noch gesteigert werden, indem zu der einen noch eine weitere

Farbe hinzukommt. Um das Prinzip der Vollständigkeit und des flächendeckenden Arbeitens schon in Ansätzen zu entwickeln, werden die Tropfen so gesetzt, dass bald der gesamte Bogen bedeckt ist.

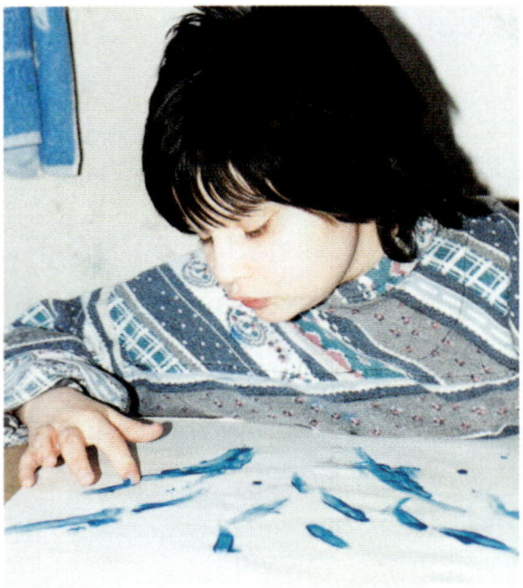

M. hat Interesse an den Tröpfchen gefunden.

A. verreibt aufmerksam das Farb-Kleistergemisch.

Wurden diese und ähnliche Übungen ausreichend angeboten, werden die Anforderungen gesteigert. Ein kleineres Format wird mit dem Pinsel oder den Händen eingefärbt. Anschließend werden in Anlehnung an die „Tröpfchenübung" andersfarbige Muster entwickelt. Oft wird dabei mit Stäbchen gekritzelt. Durch Impulse wird auch hier das flächendeckende Arbeiten angestrebt.

Diese Kritzeleien sind für die Schülerinnen sehr interessant. Sie sammeln Erfahrungen und eignen sich für das weitere Lernen notwendige Fähigkeiten und Fertigkeiten an.

Stufe 2

Dem Einstreichen des Papiers mit farbigen Kleister wird nun mehr Aufmerksamkeit gewidmet Das Papierformat und die Pinselgröße richten sich nach den bereits erlangten Fähigkeiten der SchülerInnen, sowie der individuellen Förderabsicht. Wird z.B. bezweckt, dass sich der Aktionsradius erweitern und sich die notwendigen Bewegungen schwungvoll, ausladend, dynamisch entwickeln sollen, werden ein größeres Format und ein flacher Malerpinsel angeboten. Die SchülerInnen werden angeleitet, zügig und „hemmungslos" zu arbeiten. In anderen Fällen wird es aber eher die Absicht sein, eine konzentrierte, gut strukturierte Arbeitsweise anzuregen. Dafür eignet sich ein kleineres, gut überschaubares Format und ein kleinerer Pinsel. Ob das Einstreichen sitzend oder stehend ausgeführt wird, hängt ebenfalls von den motorischen, wie auch den psychischen Bedingungen und der daraus resultierenden Förderabsicht ab. Die richtige Pinselführung, sowie die Kippbewegung bei der Umkehr sind wesentliche Lernschwerpunkte dieser Stufe. Ein systematisches, Flächen deckendes und zügiges Einstreichen wird angestrebt. Anschließend wird das farbige, nasse Papier mit ersten unregelmäßigen Mustern gestaltet. Mit den Fingern werden gern und ausgiebig Spuren „gemalt". Auch Kämmchen und Stäbchen werden benutzt. Diese Phase ist besonders dafür geeignet, gezielt Übungen zur Motorik, der Wahrnehmung und zur Verhaltensregulierung in den Gestaltungsprozess einzubetten (indiv. Förderschwerpunkte). Auf dieser Stufe wird auch die *Abklatschtechnik* eingeführt.

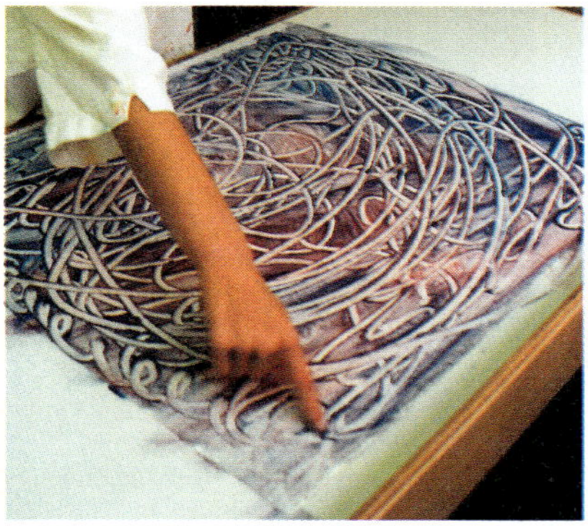

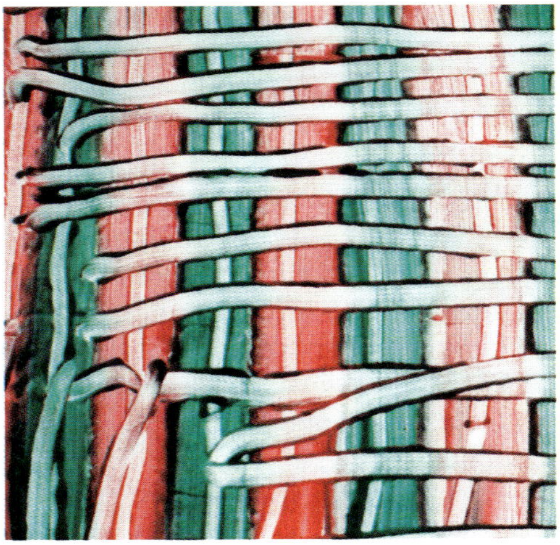

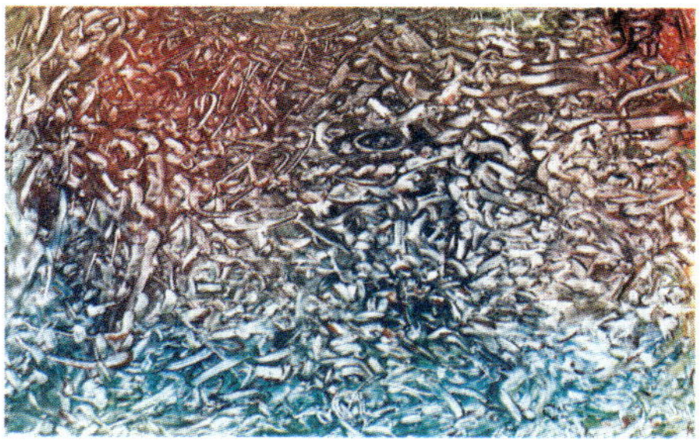

Stufe 3

Strukturierte Muster werden nach eigenen Ideen bewusst gestaltet. Farbkombinationen und Hilfsmittel werden mit gezielter Absicht eingesetzt. Der Arbeitsprozess wird selbständig organisiert. Die SchülerInnen arbeiten nach einer vorgegebenen Zielstellung (Wie viele Bögen, welches Format usw.).

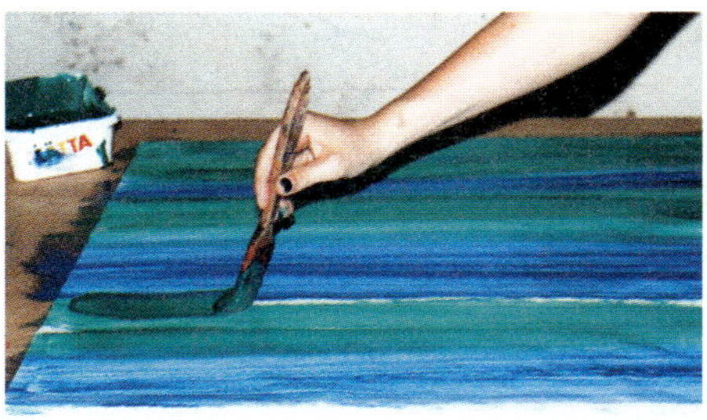

Abklatschtechnik

Diese Technik wird in der 2. Stufe eingeführt.
Bei diesem Verfahren werden zwei Bögen Papier benötigt. Jeweils ein Bogen wird vollständig mit einem Farbkleistergemisch eingestrichen (z.B. ein Bogen blau, der andere grün). Je nach Größe der einzustreichenden Fläche wird die Pinselstärke gewählt. Es ist zu beachten, dass die Flächen während des Arbeitens nicht trocknen dürfen. Die Bögen werden mit den eingestrichenen Seiten aufeinander gelegt. Dann wird mit den Handflächen gleichmäßig darüber gestrichen und das eine Papier wird von dem anderen wieder abgezogen. Es entstehen zwei Bogen Papier mit dekorativen Mustern, die nach dem Trocknen weiter verarbeitet werden können.

1. Vorbereiteter Arbeitsplatz

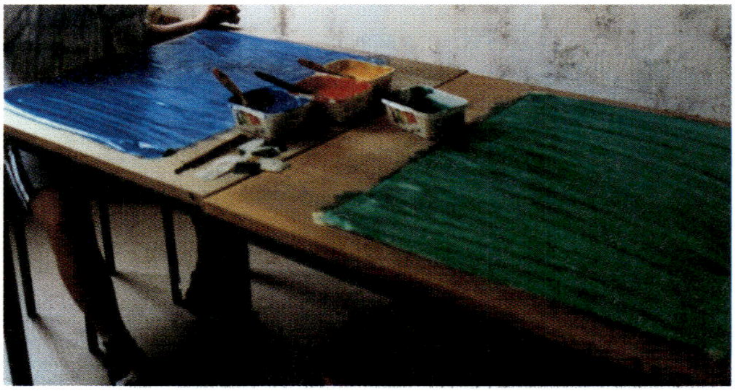

2. Zwei eingestrichene Bögen Papier, die anschließend aufeinander gelegt werden

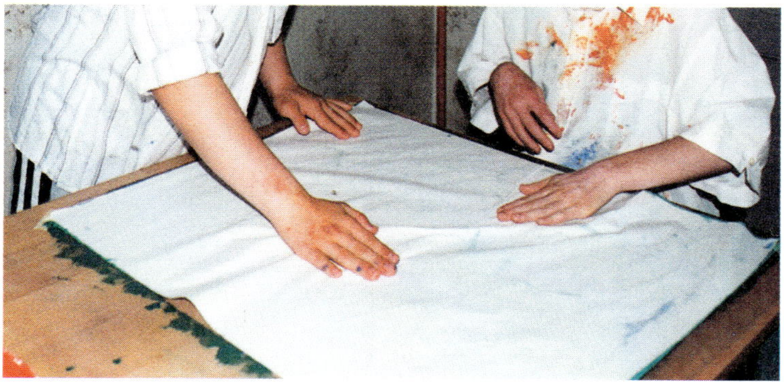

3. Korrektur des aufgelegten Papiers

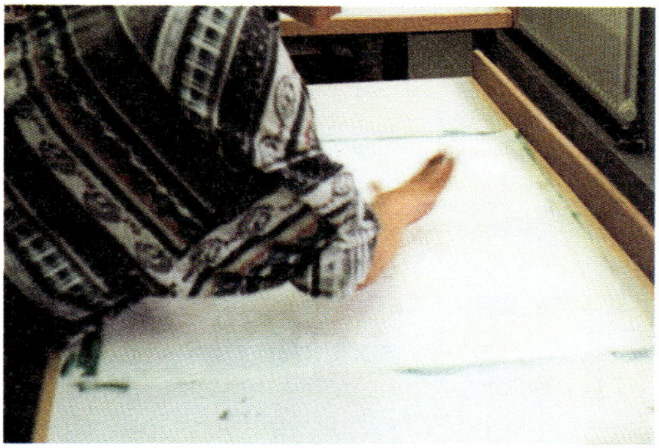

4. Mit etwas Druck glatt streichen

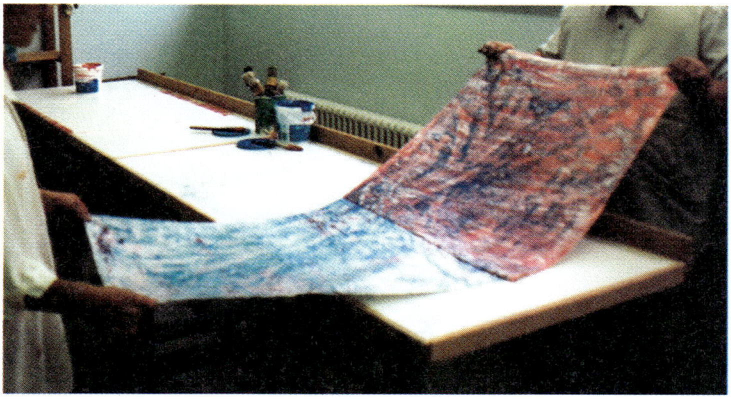

5. Bögen voneinander abziehen

6. Falsches Abziehen

Weitere förderpädagogische Aspekte

großflächiges Arbeiten: Lockerung in den Bereichen Oberkörper, Schulter, Arme; schwungvolle, dynamische Bewegungen; Die Konzentration auf ein exaktes Einhalten bestimmter Begrenzungen ist nicht erforderlich und blockiert demnach nicht den Bewegungsablauf.

Arbeiten im Stehen: ganzkörperliche Koordination und Bewegungsschulung; bei Abklatschtechnik: das Aufeinanderlegen sowie das Abziehen der beiden Bögen schult die Handlungsplanung und das vorausschauende Denken; beim Glattstreichen der aufeinander liegenden Bögen wird das koordinierte Zusammenspiel beider Körperseiten bewusst trainiert – eine Hand bleibt mittig auf dem Papier liegen, während die andere Hand systematisch von innen nach außen streicht, anschließend Wechsel.

Einstreichen: Nachahmen einfach strukturierter Bewegungsabläufe, wie auf und ab / hin und her.

Oberflächengestaltung: Visuomotorik im Sinne der Auge – Handkoordination, Hand-Handkoordination und der Zielgenauigkeit wird geschult,
angemessenes Dosieren von Druck und Kraft,
Hand- und Fingergeschicklichkeit werden trainiert.

Die Verwendung des Farbkleistergemisches ist aus förderpädagogischer Sicht auch deswegen von Vorteil, weil schon beim Einstreichen die Spuren des Pinsels auf dem Untergrund gut sichtbar werden. Diese sofortige visuelle Rückkopplung ist oft Anlass für eine bewusste Steuerung der Bewegungsabläufe.

5. Beziehen von Kartons, Kisten u.ä.

Material: Kleisterpapier oder anderes gestaltetes Papier
Lineal
Bleistift
Schere
Pinsel
Kleister
Unterlage
Klebestreifen
kleines Schälchen zum Aufbewahren der Papierstücke

Vorbemerkungen

Das Beziehen von Kisten und anderen Behältnissen bietet die Möglichkeit, selbst gestaltetes Papier zu einem für die SchülerInnen wertvollen Endprodukt zu verarbeiten. Diese Technik schließt sich sinnvoll an die Gestaltung von Papier (siehe Herstellung von Kleisterpapier) an. Techniken wie Anreißen, Schneiden und Kleben finden Anwendung. Sie können so entweder eingeführt oder geübt und gefestigt werden. Ein wesentlicher Schwerpunkt ist aber auch die Schulung des selbständigen und eigenverantwortlichen Handelns. Die entsprechende Förderabsicht besteht darin, dass die SchülerInnen die logische Abfolge der einzelnen Arbeitsschritte erkennen und den Arbeitsablauf selbständig planen und durchführen. Dies beginnt bereits beim Einrichten des Arbeitsplatzes. Alle notwendigen Materialien und Hilfsmittel sollen von den SchülerInnen bereitgestellt und sinnvoll angeordnet werden. Während des Arbeitens wird auf die Einhaltung bestimmter Regeln geachtet. Ist die Arbeit beendet, folgen das Aufräumen und Reinigen. Die Erfahrung hat gezeigt, dass den SchülerInnen bestimmte „Alltagshandgriffe“ immer wieder Schwierigkeiten bereiten. Während des Unterrichts können diese gezielt geübt werden. Gemeint sind Handlungen wie z.B. das Öffnen und Schließen von Behältern, das Abfüllen/ Portionieren von Kleister, Reinigen von Pinseln und Gefäßen, das gründliche Abwischen der Tische u.ä.. Diesen „Randerscheinungen“ sollte unbedingt Beachtung geschenkt werden. In natürlichen (also nicht künstlich erzeugten) Situationen kann gezielt an der Handlungsplanung, Handlungssteuerung, der Ausführung und der Ökonomie von Handlungen gearbeitet werden. Mögliche Ursachen für diese Auffälligkeiten / Störungen können u.a. im motorischen, im taktil-kinästhetischen oder kognitiven Bereich liegen. Bei gezielter Beobachtung und dem Wissen um diese Zusammenhänge wird man den richtigen Ansatz für adäquate Hilfe und

Anleitung finden. An dieser Stelle sei aber auch noch einmal auf die Zusammenarbeit z.B. mit Ergotherapeuten hingewiesen.

Auf diesem Bild ist unschwer zu erkennen, dass es für diesen Schüler problematisch ist, das Eimerchen zu öffnen. Z.B. hält er den Eimer nicht seiner Absicht entsprechend.

Systematische Vorgehensweise nach dem Stufenprogramm

Stufe 1

Das zu verarbeitende Papier wird den SchülerInnen in Streifen von etwa 3 cm Breite und 30 cm Länge angeboten. Nun kann der Vorgang des Schneidens geübt werden. Es wird vorausgesetzt, dass das richtige Halten einer Schere möglich ist. Den SchülerInnen wird zuerst „vorgemacht“, was zu tun ist. Anschließend beginnt die Schülerin/ der Schüler, selbst zu schneiden. Den Vorgang könnte man „Schnipseln vom Band“ nennen. Ohne gezogene Linie wird mit *einem* Schnitt ein Stückchen Papier abgeschnitten.
Diese Form des Schneidens als Einführung hat sich bewährt, weil dadurch der Effekt des Schneidens sofort ersichtlich ist. Die Grundbewegung des Schneidens (einmaliges Öffnen und Schließen der Schere) bildet den Schwerpunkt der Übung ohne zusätzliche Ablenkung.
Der Papierstreifen wird anfangs von der betreuenden Person gehalten, was auch eine eventuelle Führung zulässt. Sind die SchülerInnen in der

Lage, Haltehand und Arbeitshand gut zu koordinieren, werden diese das Papier bald selbst halten und führen.
So entstehen viele kleine viereckige Papierstücke, die nun weiterverarbeitet werden.

Die Papierstückchen werden auf den Karton oder eine Kiste *überlappend, flächendeckend und nach einer bestimmten Regel* aufgeklebt. Dabei ist zu beachten, dass keine Zwischenräume unbeklebt bleiben und dass nicht auf einer Stelle mehrfach geklebt wird. (Wird bei wahrnehmungsgestörten Kindern häufig beobachtet.) Es dauert oft eine gewisse Zeit, bis dieses Prinzip erfasst und als Regel beachtet wird. Um die SchülerInnen auf die richtige Stelle hinzuweisen, reicht es manchmal aus, diese mit dem Finger anzudeuten. Direkte Handführung sollte allerdings die Ausnahme sein und höchstens dazu dienen, die entsprechende Bewegung bewusst zu machen.

Flächendeckendes, überlappendes Kleben

Ungeordnetes Kleben

Sind SchülerInnen in ihrer Bewegungssteuerung so stark eingeschränkt, oder werden andere Störungen offensichtlich, so dass es nicht gelingen kann, nach diesem Prinzip zu kleben, sollte man anfangs ein ungeordnetes Aufkleben gelten lassen.
Damit *ändert* sich allerdings auch der *Schwerpunkt* dieser Übung: Nun geht es eher darum, die zu beklebende Fläche nach leeren Stellen abzusuchen und diese dann mit Handführung ausfüllen zu lassen.

Um aber auch diese SchülerInnen zu befähigen, die beabsichtigte Leistung zu vollbringen, können verschiedene Zwischenübungen eingeschoben werden. Dabei ist zu beachten, dass neben diesen manuellen Tätigkeiten im Werkunterricht auch weitere gezielte Angebote in anderen Unterrichtsfächern, sowie eine eventuelle Therapie auf diesen Förderschwerpunkt abzielen müssen. Oft tritt eine Verbesserung erst nach einem sehr langem Zeitraum ein.
Auf dieser Stufe wird das Bekleben von Ecken und Kanten noch nicht bewältigt und ist auch noch nicht beabsichtigt. Hilfe ist also zulässig und notwendig. Wichtig ist allerdings, dass dies langsam geschieht, damit die SchülerInnen diesen Vorgang genau beobachten können.
Analog zu den Kisten werden Pappdeckel für Mappen beklebt. Mitunter gelingt es den SchülerInnen eher, sich an der Fläche einer Pappe als an der einer Kiste zu orientieren. Das Üben ein und derselben Technik an verschiedenen Objekten ist notwendig, um die erworbenen Fähigkeiten und Fertigkeiten zu festigen.

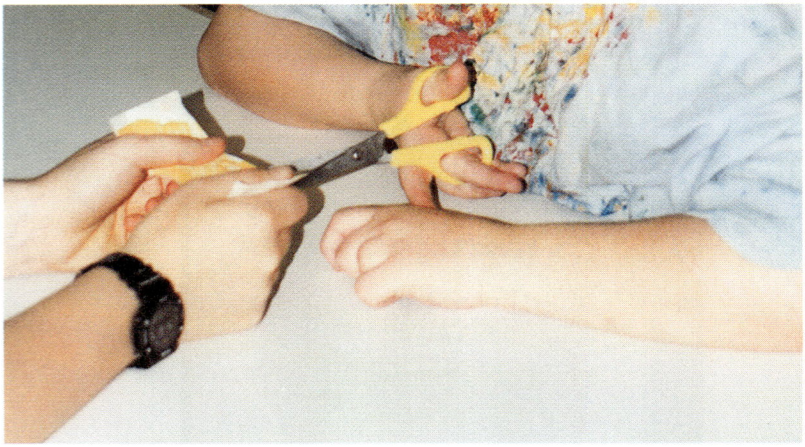

Schneiden vom Band

Ein Mappendeckel wird systematisch, flächendeckend beklebt.

An dieser Kiste, besonders am unfertigen Deckel, erkennt man das geordnete Kleben.

Vorübung auf Papier: Vom ungeordnetem, lückenhaften zum systematischen, flächendeckenden Bekleben.

Es handelt sich um drei ausgewählte Arbeiten, welche von *einer* Schülerin angefertigt worden sind. Zwischen der ersten und der letzten Arbeit lagen 18 Unterrichtsstunden. (6 Wochen mit je 3 Stunden) Diese Schülerin gelangte über den genannten Zeitraum zu sichtbaren Erfolgen.

Der *Arbeitsplatz ist* für den Vorgang des Klebens *überschaubar* und so *einzurichten*, das die einzelnen Schritte sich von einander abgrenzen und ohne Schwierigkeiten nacheinander ausgeführt werden können. Das bedeutet, dass weder Material oder Hilfsmittel hin und her geschoben werden müssen, noch dass die SchülerInnen ihre Sitzhaltung wesentlich verändern müssen. Dadurch wird es den SchülerInnen erleichtert, einen *der Technik angemessenen Rhythmus* zu finden: ein Papierstück nehmen, umdrehen, auf die Unterlage legen, Pinsel nehmen, Kleister mit dem Pinsel aufnehmen, Pinsel abstreichen, Papier einstreichen, Pinsel weglegen, Papier aufnehmen, Papier an der richtigen Stelle auflegen, sorgfältig andrükken und eventuell glatt streichen, wieder von Neuem beginnen. Es ist unschwer zu erkennen, dass es sich bei diesem Vorgang um einen recht komplexen handelt, welcher sich unzählige Male wiederholt. Damit die SchülerInnen diese Handlungskette erfolgreich bewältigen können, ist das durchdachtes Einrichten des Arbeitsplatzes notwendig und auch bei später folgenden Arbeiten hilfreich.

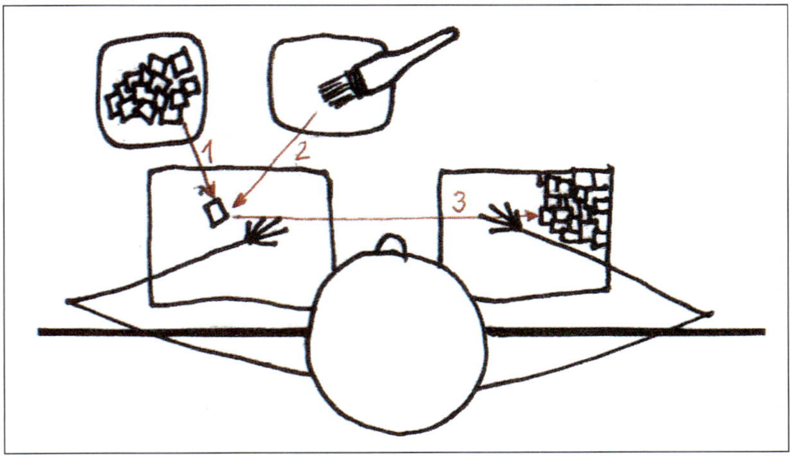

Der eingerichtete Arbeitsplatz

Abweichungen ergeben sich eventuell daraus, ob es sich um einen Rechtshänder oder Linkshänder handelt, oder ob das Überkreuzen der Körpermitte große Probleme bereitet.

Stufe 2

Den Schwerpunkt dieser Stufe bilden die Aneignung verschiedener Varianten des Beklebens und Beziehens im Sinne werktechnischer Bildung.

a) Bekleben mit Streifen,
b) Großflächiges Beziehen von Flächen

Zu a)
Nun werden Kisten und Kartons mit Papierstreifen beklebt. Sie werden wie folgt vorbereitet.
Die SchülerInnen erhalten Papierstücke von etwa 30 bis 40 cm Länge. Die Breite richtet sich nach der Höhe der Kartons. (Höhe + ca. 7 cm) Auf der Rückseite des Papiers werden mit einem Lineal Linien in einem Abstand von ca. 3 – 5 cm gezogen. Der gleichmäßige Abstand wird nicht genau abgemessen, sondern mit Augenmaß geschätzt. Nun wird das Papier entlang der Linien geschnitten.

Beim Aufkleben ist zu beachten, dass der aufgelegte Streifen am oberen und unteren Rand umgeschlagen werden kann. Die Ränder werden sorgfältig umgelegt und durch streichende Bewegungen angedrückt.
Auch bei dieser Variante ist es wieder wichtig, überlappend zu kleben, damit keine freien Zwischenräume entstehen. Die Größe der Streifen macht ein beidhändiges Arbeiten erforderlich und dient somit der Schulung des koordinierten Zusammenspiels beider Körperseiten. (Im Vergleich dazu Variante A: Das Auflegen der Papierstücke gelingt mit einer, der bevorzugten Hand)
Auch hier bietet sich als ergänzende Übung des Bekleben von Mappendeckeln an. Das Umschlagen an den Kanten des Deckels entspricht dem Bekleben der Ränder an der Kiste.

Anreißen der Streifen

Schneiden der Streifen

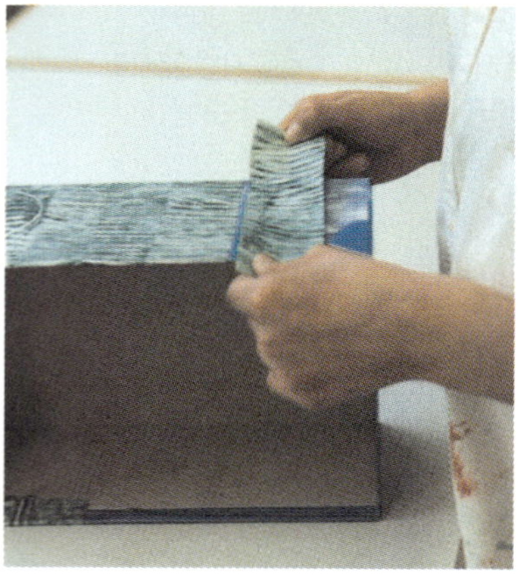

Aufkleben der Streifen

Zu b)

Die Kisten werden mit größeren Papierstücken, welche einer Seitenfläche entsprechen, beklebt. Die Vorbereitung des Papiers stellt dementsprechend höhere Anforderungen. Der Umgang mit der Schablone wird eingeführt und das räumliche Vorstellungsvermögen geschult.

Bei dieser Variante dient die zu beklebende Kiste als Vorlage ähnlich einer Schablone.

Die Kiste wird mit der zu beklebenden Fläche auf die Rückseite des Papiers gelegt und mit dem Bleistift umfahren. Anschließend wird dieser Umriss jeweils um eine Breite des Lineals erweitert. Das bedeutet: An die Linie, die durch das Umfahren entstanden ist, wird ein Lineal angelegt und es wird nochmals eine Linie gezogen. Diese Vergrößerung der Fläche ist notwendig, um obere wie untere Kante beim Kleben umzuschlagen, bzw. beim Ansetzen der nächsten Fläche überlappend kleben zu können. Ähnlich wird mit dem Deckel der Kiste verfahren. Für die schmalen Ränder des Deckels werden Streifen zugeschnitten und die obere große Fläche wird als gesamte Fläche geklebt, wobei der Deckel wieder als Schablone beim Anreißen dient.

Sind alle notwendigen Stücke ausgeschnitten werden diese aufgeklebt. Das Papier wird locker aufgelegt und dann wird überprüft, ob es exakt liegt. Noch ist ein Verschieben oder auch ein wiederholtes Auflegen möglich. Erst wenn sich das Papier in der beabsichtigten Lage befindet, wird es angedrückt. Mit der flachen Hand wird dann von der Mitte nach außen glatt gestrichen. Dabei ist so viel Druck auszuüben, dass alle eingeschlossenen Luftbläschen und der überflüssige Kleister heraus gestrichen werden. Das Hantieren (anreißen, ausschneiden, mit Kleister gründlich einstreichen, aufkleben, andrücken, glatt streichen) mit solch großen Papierstücken ist schwierig und sollte nur von SchülerInnen ausgeführt werden, welche schon die vorangegangene Varianten a) sicher beherrschen.

Anreißen großer Flächen

Schneiden angerissener Flächen

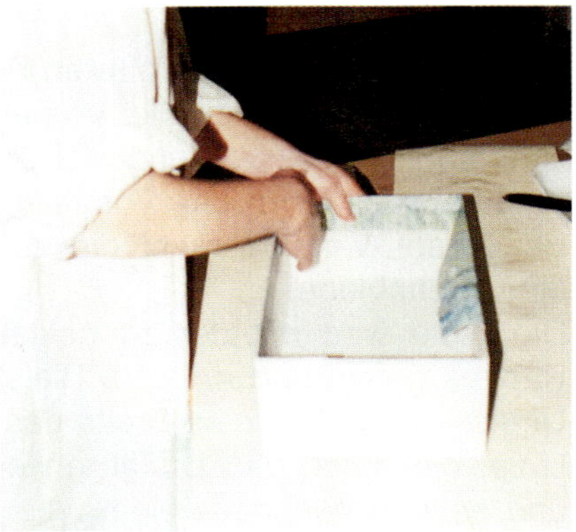

Beziehen der Kiste

Bekleben der Ränder am Deckel

Die fertigen Kisten

Stufe 3

Das Vorbereiten des Papiers (Anreißen, Zuschneiden), sowie verschiedene Klebetechniken werden beherrscht. Entsprechend der allgemeinen Förderschwerpunkte für diese Stufe, geht es nun um die selbständige Anwendung des Gelernten. Behälter unterschiedlichster Formen und Größen werden bezogen. Die SchülerInnen treffen je nach Form und Größe die Entscheidung, welche Klebetechnik Anwendung findet. Sie stellen selbst das Papier nach benötigter Menge passender Farben und Muster zusammen. Es müssen Strategien zum systematischen Bearbeiten aller Flächen entwickelt werden. Während des Arbeitsprozesse behalten sie den Überblick über die logische Abfolge der einzelnen Arbeitsschritte. Es wird nach einer konkreten Aufgabenstellung selbständig und bewusst auf ein Ergebnis hingearbeitet. Eine echte Bewährungsprobe besteht darin, dass völlig neue Formen z.B. Dosen und kleine Tonnen angeboten werden. Dadurch ergibt sich die Notwendigkeit, neue Flächennetze zu entwickeln.

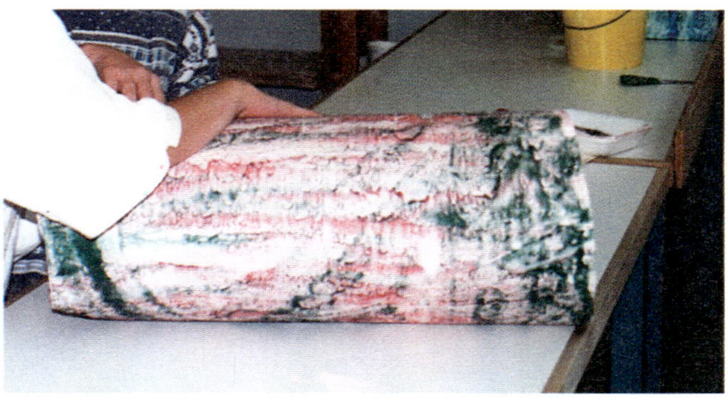

Weitere förderpädagogische Aspekte

Schneiden vom Band:	Öffnen und Schließen der Schere als Grundbewegung des Schneidens wird gelernt,
Anreißen der Streifen, später der Fläche:	Umgang mit Hilfsmitteln wie Lineal und Schablone, A – H – Koordination wird geschult,
Schneiden der Streifen oder Bahnen:	akkurates Schneiden auf der Linie wird geübt,
Aufkleben der Papierstücke:	A – H –, sowie H – H – Koordination wird geschult, angemessene Dosierung von Kraft und Druck wird geübt.

6. Herstellen von Ringbindemappen

Material:

Schablonen
Bleistift
gestaltetes Papier
Schere
Pappe
Kleister
weißer Zeichenkarton oder anderes Papier für die Seiten
Ringbindemaschine
falls erforderlich, Papierschneidemaschine
Holzbretter oder Stockpresse

Arbeitstechniken:

a) Bekleben der Mappendeckel mit kleinen Rechtecken
b) Bekleben der Deckel mit Streifen, welche über die Breite der Pappen reichen
c) Beziehen der Mappendeckel mit zwei Stücken Papier

Systematische Vorgehensweise nach dem Stufenprogramm

Stufe 1

Entsprechend der allgemeinen Förderschwerpunkte für diese Stufe, wird wieder das systematische, überlappende, flächendeckende Kleben geübt. Das Papier wird vorher in kleine Rechtecke geschnitten (Schneiden vom Band). Ecken und Kanten werden noch nicht von den SchülerInnen geklebt. Das genaue methodische Vorgehen wurde bereits unter 5. Bekleben von Kartons – Stufe 1 beschrieben.
Den Schwerpunkt bildet hier noch das Streben nach Vollständigkeit – vollständiges Bekleben einer Pappe – und nicht die Orientierung auf eine Mappe als Ergebnis. Der Weg zu diesem Ziel kann in der Regel noch nicht überschaut werden. Sind beide Pappen beklebt, werden alle weiteren Arbeiten, wie Pressen, Stanzen und Binden von der betreuenden Person übernommen. Dabei ist es wichtig, dass alle Arbeiten im Beisein der SchülerInnen ausgeführt werden und sie bei sich anbietenden Handgriffen einbezogen werden.

Stufe 2

Es werden wieder Streifen, wie unter Punkt 5. schon beschrieben, angerissen und geschnitten. Es ist zu beachten, dass auf einer Seite die Streifen um die Kanten geklebt werden können und auf der anderen Seite Streifen, die etwas kürzer sind als die Deckelbreite, verarbeitet werden. Kanten und Ecken sollen nahezu selbständig beklebt werden.

Die Abbildung zeigt die Vorderseite (li) und die Rückseite (re) eines Mappendeckels. Die Streifen der Vorderseite wurden umgefaltet und die Enden auf der Rückseite festgeklebt. Anschließend wurden die etwas kürzeren Streifen (dunkelgrün) auf die Rückseite geklebt.

Die weitere Verarbeitung der Mappenteile wird von den SchülerInnen unter Anleitung ausgeführt.

Eine weitere Variante der Herstellung von Ringbindemappen wird in dieser Stufe eingeführt. Dabei steht die Vermittlung von soliden Handwerkstechniken im Mittelpunkt. Diese sollten unbedingt fachgerecht vermittelt und begleitet werden.
Zuerst werden die Umrisse für den Bezug und die Spiegel mittels Schablone auf die Rückseite des Dekorpapiers gezeichnet. Es ist darauf zu achten, dass gerade Kanten genutzt werden und dass platzsparend gearbeitet wird. Nach dem gleichen Prinzip werden die 2 Pappen angerissen, falls diese nicht schon im entsprechenden Format vorhanden sind.
Nun werden alle Teile ausgeschnitten. Vor den Klebearbeiten sollten alle Teile von den SchülerInnen so sortiert und plaziert werden, wie sie anschließend weiter verarbeitet werden sollen. So wird abgesichert, dass die SchülerInnen, alle Teile in ihrer Beziehung zueinander erkennen. Erst

danach werden sie die Klebearbeiten in der richtigen und geordneten Reihenfolge ausführen können.
Ist der Arbeitsplatz vorbereitet (Unterlage!), kann mit dem Einstreichen der Pappe begonnen werden. Die mit Kleister satt eingestrichene Pappe wird von der Unterlage abgenommen und passend auf das Bezugspapier gelegt. Noch vor dem Andrücken ist durch leichtes Verschieben eine Korrektur möglich. Eine Hand (rechts) liegt flach mit etwas Druck auf der einen Hälfte der Pappe, während mit der anderen Hand (links) von der Mitte nach außen, ebenfalls mit Druck, gestrichen wird. Haben sich Papier und Pappe gut verbunden, erfolgt ein Wechsel der Seiten (rechts – streichen, links – halten). Nun wird der zum Körper zeigende Papprand mit Kleister eingestrichen und der sichtbare, überstehende Streifen des Bezugspapiers auf die eingestrichene Pappe umgeschlagen. Das Festdrükken erfolgt durch eine schiebende Bewegung der Fingerspitzen vom Rand zur Mitte. So wird verhindert, dass sich Hohlräume zwischen Pappe und Bezugspapier bilden. Auch hier wird nach dem Prinzip „Haltehand- Arbeitshand" gearbeitet. Ist der 1. Rand fertig, wird die Pappe (mit der Unterlage) so gedreht, dass die zu bearbeitende Kante wieder zum Körper zeigt. Nach dieser Abfolge werden die restlichen 3 Ränder verleimt. (Kleben – Drehen – Kleben – usw.) Nachdem alle 4 Kanten geklebt worden sind, wird die Unterlage gewechselt und der Spiegel kann aufgeklebt werden.
Auf diese Weise entstehen zwei bezogene Mappendeckel, die nun angetrocknet und gepresst werden.
In der Zwischenzeit (des Pressens) wird das Papier für die Seiten vorbereitet. Geeignetes Papier wird mit der Papierschneidemaschine (Handhebelschere) geschnitten, falls es nicht im erforderlichen Format vorhanden ist. Die Seiten und die beiden gut durchgetrockneten und gepressten Mappendeckel werden wieder so gelegt, dass sie der fertigen Mappe entsprechen. In dieser Reihenfolge werden alle Teile mit der Ringbindemaschine gestanzt und mit der Plastikbindung verbunden (ebenfalls maschinell). Anschließend kann die fertige Mappe noch mit einem Etikett versehen werden.
So entsteht ein nützlicher Gebrauchsgegenstand, den die SchülerInnen von Anfang bis Ende selbständig hergestellt haben. Bei der Herstellung dieser Mappen orientieren sich die SchülerInnen am Modell. Sie sollen möglichst die Abfolge der Arbeitsschritte selbst erkennen und planen. Dies beginnt bereits bei der Bereitstellung des Materials. Durch genaues „Untersuchen" einer fertigen Mappe sollen sie herausfinden, was zur Herstellung benötigt wird. Damit die SchülerInnen wirklich zu eigenen Erkenntnissen gelangen können, steht ihnen genügend Zeit dafür zur Verfügung und sie erhalten die Möglichkeit des Ausprobierens.

Hinweis

Das Herstellen von Mappen für die ***3. Stufe*** wird im nächsten Abschnitt (7.) beschrieben.

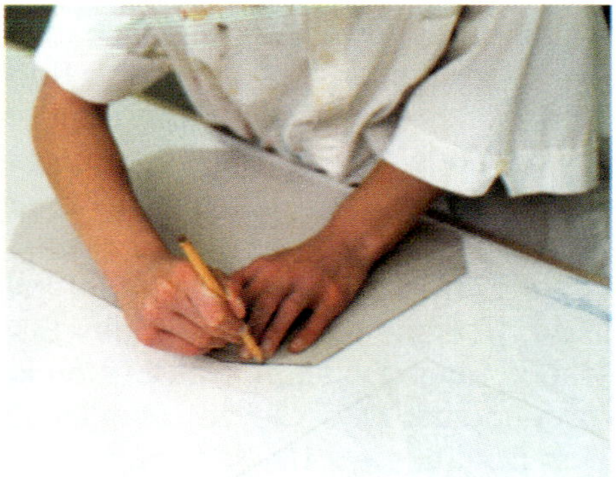

1. Anreißen mit Schablone

2. Schneiden des Papiers

3. Die vorbereiteten Teile werden geordnet.

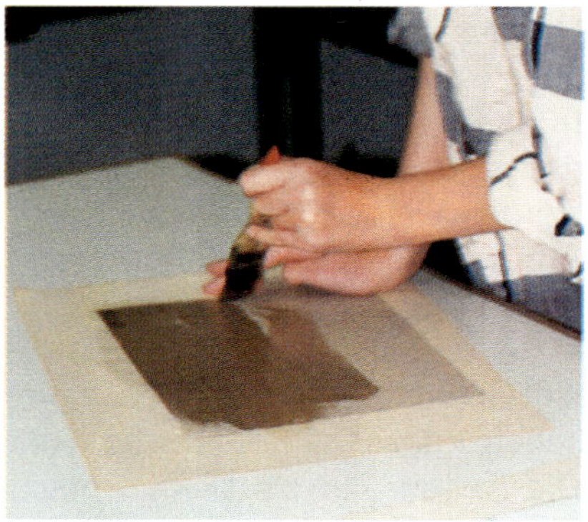

4. Einstreichen der Pappe

5. Auflegen der eingestrichenen Pappe.

6. Umschlagen der Ränder.

7. Aufkleben des Spiegels.

8. Einlegen der Mappendeckel in die Presse.

9. Arbeit an der Handhebelschere.

10. Arbeit an der Ringbindemaschine.

Die fertigen Mappen.

Weitere förderpädagogische Aspekte

Anreißen der einzelnen Teile:	Umgang mit Schablonen wird geübt, Koordination von Haltehand und Arbeitshand, sowie Auge – Handkoordination werden geschult, planvolles, vorausschauendes Handeln wird angeregt (Welche Teile werden in welcher Anzahl aus welchem Material benötigt?), sorgfältiges, genaues Arbeiten wird angestrebt,
Ausschneiden:	die sachgerechte Handhabung der Schere und das exakte Schneiden an der Linie werden geübt,
Beziehen der Pappen:	Koordination gegenläufiger, unterschiedlicher Bewegungen der Hände wird trainiert, angemessenes Portionieren des Kleisters wird geübt, Steuerung von Druck und Kraft wird geschult, feinmotorische Fähigkeiten werden entwickelt,
Einsatz von Papierschneidemaschine, Stockpresse und Ringbindemaschine:	Heranführen an die Arbeit mit Maschinen, Geräten und Werkzeugen, Durchschauen der Funktionsweise und Einsatzmöglichkeiten, Einhalten von Regeln.

7. Herstellen von Buchbindermappen

Material:
Pappe
Bezugspapier, (Kleisterpapier oder Aquarell-Knitterpapier)
Buchbinderleinen
Schablonen für Deckel, Rücken, Leinenteile, Bezugspapier und Spiegel (Innenpapier)
2 Bänder, je 1 cm breit u. 35 cm lang
starkes, festes Papier
Leim, (Kaltleim)
Pinsel
Falzbein
Cutter und Stahlschiene
Lineal
Bleistift
Schere
Stechbeitel und Hammer (Gummihammer, Holzhammer)

Arbeitstechnik: Herstellen einer Mappe mit Rücken und Verschlussbändern

Systematische Vorgehensweise nach dem Stufenprogramm

Während der Stufen 1 und 2 wurden grundlegende Techniken des Anreißens, Schneidens und Beziehens erlernt. Diese Techniken werden nun sicher beherrscht und auf die Herstellung eines komplizierteren Werkstükkes übertragen.
Die Mappe mit Buchbinderrücken und Verschlussbändern wird ausschließlich mit SchülerInnen in der 3. Stufe angefertigt. Nach anfänglicher Anleitung, werden die allgemeinen Förderschwerpunkte der 3. Stufe (siehe Abschnitt 3.3) zielgerichtet verfolgt.

Zuerst werden alle Teile mittels Schablone angezeichnet und ausgeschnitten. Die Pappen für die Deckel und den Rücken werden mit dem Cutter und der Stahlschiene, oder wenn sich die Pappe gut schneiden lässt, mit der Schere ausgeschnitten.
So entstehen 2 Deckel und 1 Rücken aus Pappe, 2 Stück Bezugspapier, 2 verschieden lange Streifen Buchbinderleinen, 2 verschiedene Papierteile für die Innenseiten (Spiegel) der Mappe.

Das Verleimen aller Teile verläuft in folgender Reihenfolge: Zuerst werden die Mappendeckel mit dem Bezugspapier wie bei den Ringbindemappen beklebt.

Nun wird der längere Streifen Buchbinderleinen mit Leim eingestrichen und der Papprücken wird mittig aufgelegt und festgedrückt. Gleich danach werden beide Deckel links und rechts vom Rücken aufgeklebt. Zwischen dem Rücken und den beiden Deckeln bleibt ein Abstand von etwa 2mm. Der obere und untere Rand werden umgefaltet und auf der Innenseite von Rücken und Deckeln festgeklebt. Diese Klebeschritte müssen sehr zügig erfolgen, damit der Leim auf dem Leinen nicht antrocknet. Nun wird der kürzere Streifen Leinen auf einer neuen Unterlage mit Leim eingestrichen und auf die Innenseite des Mappenrückens geklebt. Mit dem Falzbein werden die Linien zwischen Rücken und Deckeln auf der Innen – und Außenseite der Mappe nachgezogen. Es muss mit etwas Druck gearbeitet werden, damit gut sichtbare Rillen entstehen. Dadurch lässt sich später die Mappe gut öffnen und schließen. Mit dem Lineal wird die Mitte (von der Höhe) an den Außenrändern der Deckel abgemessen und gekennzeichnet. Von den Außenrändern werden 2 cm nach innen abgemessen. So wird die Stelle angezeichnet, wo mit dem Stechbeitel oder dem Cutter der Schlitz für die Verschlussbänder gemacht wird. Die Breite dieser Schlitze richtet sich nach der Breite der Bänder. Durch die Schlitze werden die Bänder gezogen und etwa 3 cm davon an der Innenseite der Mappe festgeleimt. Auf der einen Deckelinnenseite wird der rechteckige Spiegel aufgeklebt. Auf dem anderen Spiegelpapier werden die Linien, welche auf der Schablone ersichtlich sind, mit dem Falzbein und Lineal gezogen und gefaltet. Durch das Umfalten der 3 Randstreifen entsteht wieder ein Rechteck, welches eingeleimt und auf der entsprechenden Seite aufgeklebt wird. Sorgfältiges Arbeiten soll verhindern, dass die nach innen geklappten Ränder mit ankleben. Zum Schluss werden die Enden der Bänder noch mit einem kleinen Streifen Bezugspapier beklebt. Dadurch fransen diese nicht aus und es entsteht noch ein zusätzlicher dekorativer Effekt. Damit sich die Mappe während des Trocknens nicht verzieht, muss sie unbedingt gepresst werden. Muss der Arbeitsprozess aus zeitlichen Gründen unterbrochen werden, empfiehlt sich das Pressen (Trocknen) der verleimten unfertigen Mappe. Kann die Mappe aber ohne Unterbrechung hergestellt werden, so kann sie auch im fertigen Zustand gepresst werden. Dabei wird sie aufgeklappt und in eine Stockpresse gelegt. Wenn keine Presse zur Verfügung steht, kann auch ein Holzbrett benutzt werden, welches ausreichend beschwert wird. Erst wenn die Mappe völlig durchgetrocknet ist, kann sie benutzt werden.

Weitere förderpädagogische Aspekte

Anreißen, Ausschneiden, Kleben: Handhabung einfacher Werkzeuge schult die Finger – und Handgeschicklichkeit, Koordination von Haltehand und Arbeitshand, sowie Auge – Handkoordination, angemessenes Dosieren wird Kraft und Druck wird trainiert, richtiges Portionieren z.B. von Leim kann geübt werden (nicht zu viel, nicht zu wenig),

Abfolge der Arbeitsschritte: Viele unterschiedliche Arbeitsschritte müssen in einer sinnvollen, logischen, Abfolge eingehalten werden. Vorausschauendes Denken, planvolles Handeln wird dadurch trainiert. Die Einzelteile werden während des Arbeitens nach jedem Arbeitsschritt so aneinander/ aufeinander gelegt, dass der nächste Schritt über die eigene Erkenntnis / Einsicht bewusst wird. Zu Beginn der Arbeit wird ein fertiges Modell betrachtet, dadurch wird die Motivation für ein ziel- und ergebnis-orientiertes Arbeiten geweckt. Das Herstellen einer solchen Mappe fördert die Einsicht und Bereitschaft zum sorgfältigen, exakten Arbeiten.

1. Dieses Material wird benötigt.

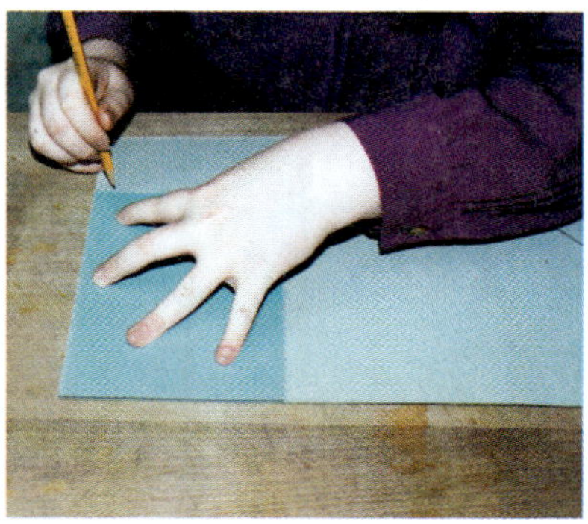

2. Anreißen der Deckel und des Rückens.

3. Die angerissenen Teile.

4. Schneiden mit dem Cutter.

5. Anreißen des Bezugspapiers. Mit Schablone.

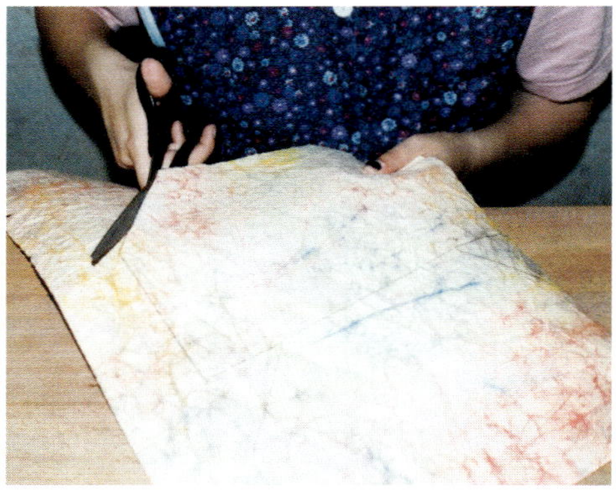

6. Ausschneiden des Bezugspapiers.

7. Anreißen des Buchbinderleinens.

8. Die vorbereiteten Teile.

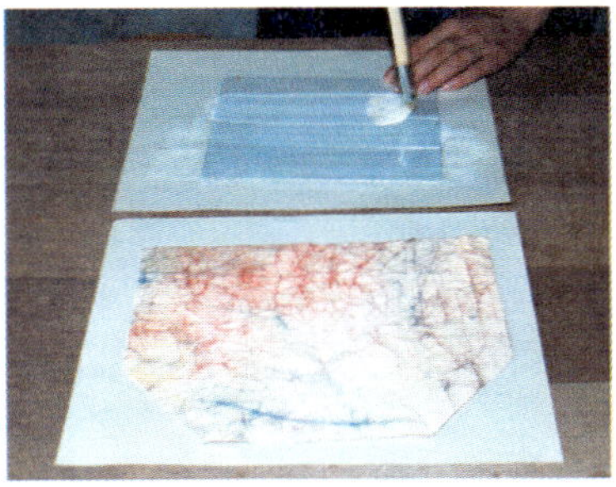

9. Einstreichen der Pappe (Deckel).

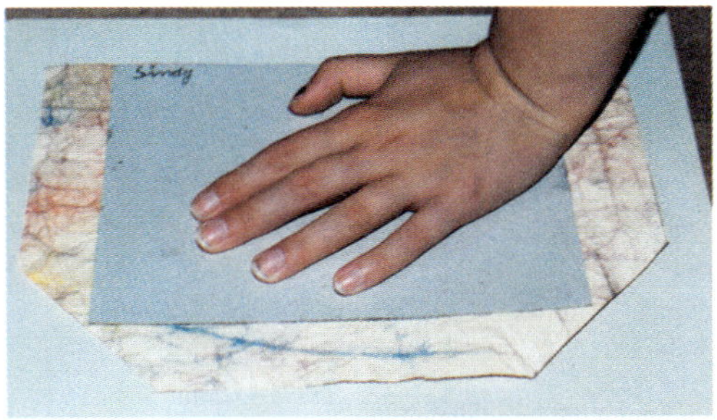

10. Aufkleben des Deckels auf das Bezugspapier.

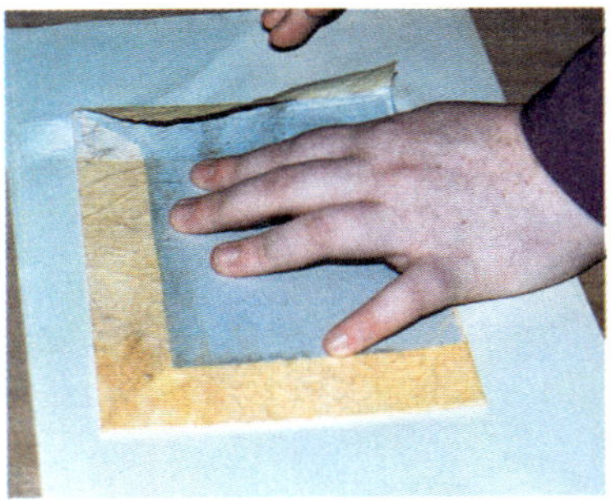

11. Umschlagen und Festkleben der Ränder.

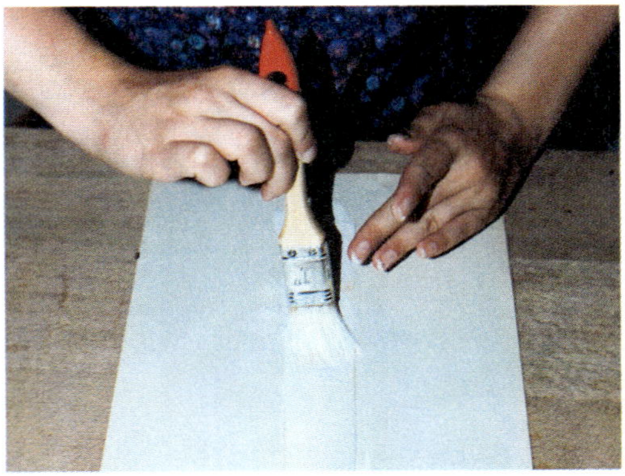

12. Einstreichen des Buchbinderleinens mit Kaltleim.

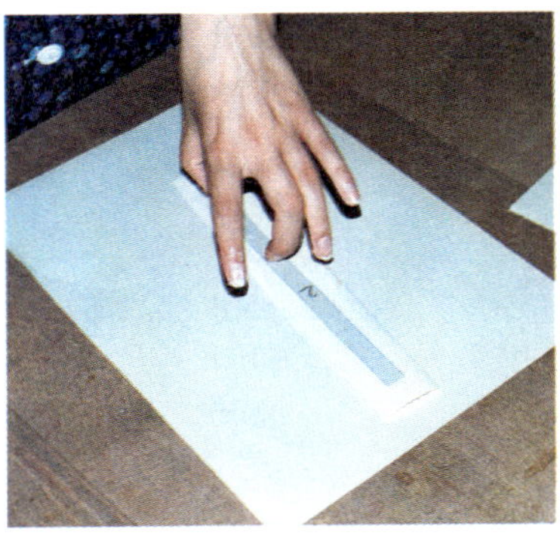

13. Der Mappenrücken wird mittig auf das Leinen geklebt.

14. Beide Mappenteile werden auf das Buchbinderleinen geklebt, dessen Ränder oben und unten umgeschlagen werden.

15. Das zweite Stück Leinen wird aufgeklebt.

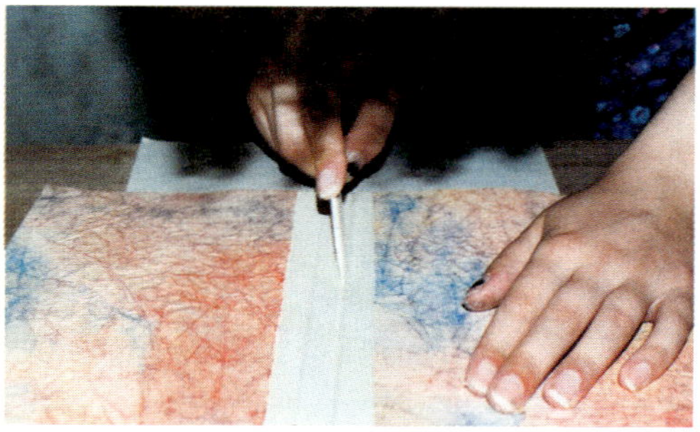

16. Die Lücken (2-3mm) werden mit dem Falzbein nachgezogen.

17. Die Bänder werden durch die Schlitze gezogen und auf die Pappe geklebt.

18. Das Papier für die Innenseiten (Spiegel) wird mit Schablone angerissen.

19. Die ausgeschnittenen Spiegel.

20. Der Spiegel wird gefaltet.

21. Die Spiegel werden auf den Innenseiten Festgeklebt.

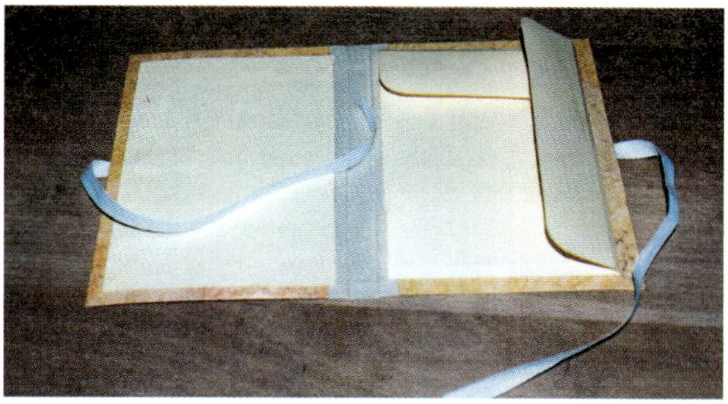

22. Alle Teile sind miteinander verleimt.

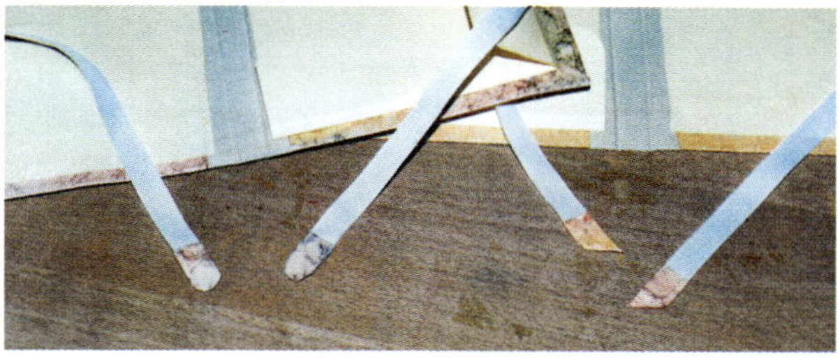

23. Die Bänder werden an den Enden mit Bezugspapier verziert.

24. Die fertigen Mappen.

Stufe	Herstellen des Papiers	Vorbereiten des Papiers	Herstellen von Mappen / Beziehen von Kartons u.ä.
1. Stufe	Kleisterpapier wird durch Schmieren, Kritzeln und Matschen hergestellt. Es wird vorwiegend mit den Händen gearbeitet, Pinsel und Stäbchen werden angeboten.	Schneiden vom Band, anfangs halten des Bandes von helfender Person Später, bei ausreichender Koordination von Arbeits- und Haltehand, geschieht dies selbständig.	Schwerpunkt bildet die Klebetechnik, nicht das Fertigstellen des Werkobjektes. Das Prinzip des flächendeckenden, systematischen (nach einer bestimmten Ordnung) Klebens soll erkannt werden Das Bestreben nach „Vollständigkeit" soll sich allmählich entwickeln.
2. Stufe	Kleisterpapier wird mit ersten, eher sich zufällig entwickelnder, unregelmäßigen Mustern gestaltet. Diese Muster werden in dem Bestreben aufgetragen, die gesamte Fläche auszufüllen. Fingermuster oder Kritzeleien mit Stäbchen und Kämmchen sind oft zu finden. Das vorangehende Einstreichen mit dem Farb – Kleistergemisch sollte nun schon gelingen. Die Abklatschtechnik wird in Partnerarbeit ausgeführt.	Das Anreißen von Linien ohne genaues Abmaß, das Zeichnen mit Lineal wird eingeführt. Schneiden auf der Linie wird geübt. Es entstehen Streifen.	Mappendeckel und Kartons werden selbständig beklebt. Das in der 1. Stufe geübte flächendeckende, überlappende Kleben findet Anwendung. Der neue Lerninhalt bezieht sich auf das fachgerechte Bekleben von Kanten und Ecken. Der Zusammenhang zwischen den Einzelteilen (z.B. zwei Mappendeckel oder Karton und Dekkel), sowie die Orientierung auf das Werkobjekt als Ergebnis finden zunehmend Beachtung. Ringbindemappen werden hergestellt. Das Einrichten und das Aufräumen des Arbeitsplatzes, sowie Teilschritte der Arbeitsorganisation sollten nach Anleitung weitestgehend selbständig gelingen.
3. Stufe	Strukturierte Muster werden bewusst gestaltet. Farbkombinationen und Hilfsmittel werden mit gezielter Absicht eingesetzt. Es wird nach Auftrag und ergebnisorientiert gearbeitet.	Das Anreißen und Schneiden größerer Flächen, sowie der Umgang mit Schablonen werden eingeführt. Das Anreißen und Schneiden aus Stufe 2 werden angewendet und auf weitere Teile übertragen. Strategien zum systematisches Abarbeiten aller notwendigen Flächen werden entwickelt.	Klebetechniken aus den Stufen 1 und 2 finden Anwendung bei der Herstellung von Buchbindermappen. Die Relationen verschieben sich zu Gunsten der Herstellung der Mappen und der damit verbundenen zusätzlichen Arbeitsschritte. Anstelle der Kartons werden andere Behälter beklebt. Die Werkvorhaben werden am Modell erläutert. Die Organisation des Arbeitsablaufes erfolgt weitestgehend selbständig.

Raum für Notizen:

Raum für Notizen:

Raum für Notizen:

Raum für Notizen:

Ihre Praxis ist unser Programm!

Wir bringen Lernen in Bewegung ...

Hans Jürgen Beins / Simone Cox

„Die spielen ja nur!?"

Psychomotorik in der Kindergartenpraxis
◆ 2001, 320 S., farbige Abb., Format 16x23cm, gebunden
ISBN 3-86145-213-8,
Bestell-Nr. 8400, € 20,40
dazu erhältlich: VIDEO „Die spielen ja nur!?"
ISBN 3-86145-214-6, Bestell-Nr. 9304, € 29,80

Heike Busse

Zauberhaftes Lernen

Ein pädagogischer Leitfaden für das Zaubern mit Kindern
◆ 2002, 184 S., Format DIN A4, gebunden
ISBN 3-86145-227-8, Bestell-Nr. 8317, € 19,50

Waltraut und Winfried Doering (Hrsg.)

Störe meine Kreise nicht ...

Von störenden und gestörten Menschen
◆ 2002, 168 S., Format 16x23cm, br
ISBN 3-86145-229-4, Bestell-Nr. 8186,
€ 17,50

Dietrich Eggert / Lucien Bertrand

RZI – Raum-Zeit-Inventar

der Entwicklung der räumlichen und zeitlichen Dimension bei Kindern im Vorschul- und Grundschulalter und deren Bedeutung für den Erwerb der Kulturtechniken Lesen, Schreiben und Rechnen
◆ 2002, 352 S., Format 16x23cm, Ringbindung
ISBN 3-86145-210-3, Bestell-Nr. 8562,
€ 24,60

Isabella Huber / Claudia Giezendanner

„Oh je, die Spitze ist abgebrochen!"

Therapiemittel und Übungen zur ergotherapeutischen Behandlung graphomotorischer Schwierigkeiten bei POS/ADS-Kindern
◆ 2002, 104 S., farbige Fotos, Format DIN A4, Ringbindung
ISBN 3-8080-0494-0, Bestell-Nr. 1041,
€ 18,40 bis 28.2.02, danach € 20,40

Anke Höfkes / Ursula Trahe / Anne Trepte

Alltagssituationen spielend meistern

Ein Handlungsleitfaden für den Alltag von Familien mit hyperaktiven Kindern
◆ 2002, 84 S., Format DIN A5, Ringbindung,
ISBN 3-8080-0498-3, Bestell-Nr. 1042, € 15,30

Ulla Kiesling / Jochen Klein (Hrsg.)

Inge Flehmig – Sensorische Integration

Ein „bewegendes" Leben für eine sinn-volle Kindheit
◆ 2002, 200 S., Format DIN A5, br,
ISBN 3-8080-0500-9,
Bestell-Nr. 1193, € 15,30

Rudolf Lensing-Conrady

Von der Heilsamkeit des Schwindels

Gleichgewichtswahrnehmungen als Motor für Entwicklung und Lernen
◆ 2001, 264 S., farbige Abb., Format 16x23cm, gebunden
ISBN 3-86145-216-2, Bestell-Nr. 8405,
€ 22,50

Anke Nienkerke-Springer / Wolfgang Beudels

Komm, wir spielen Sprache

Handbuch zur psychomotorischen Förderung von Sprache und Stimme
◆ 2001, 256 S., viele Farbfotos,
Format 16x23cm, gebunden
ISBN 3-86145-208-1, Bestell-Nr. 8133, € 22,50

Bettina Irene Weichold

Bewegungsfluss

Atmung und Bewegung in Balance – Ein Praxisbuch (empfohlen vom Deutschen Gymnastikbund DGymB)
◆ 2001, 96 S., Format 16x23cm, Ringbindung
ISBN 3-8080-0490-8, Bestell-Nr. 1191, € 15,30

Mary Sue Williams / Sherry Shellenberger

Wie läuft eigentlich dein Motor?

Theorie und Praxis der Selbstregulierung für Menschen mit ADS/HKS – Das „Alert-Program"
◆ 2001, 168 S., Format 21x28cm, Ringbindung
ISBN 3-8080-0468-1, Bestell-Nr. 1037, € 20,40

Christa Wächtler

KESS ist kess!

Körperwahrnehmung, **E**ntspannung, **S**zenisches **S**piel – Wege zu gewaltfreien Interaktionen
◆ 2002, 200 S., Format 16x23cm, Ringbindung
ISBN 3-86145-225-1, Bestell-Nr. 8313, € 20,40

Jetzt kostenlosen Gesamtkatalog anfordern!

vml verlag modernes lernen borgmann publishing

Hohe Straße 39 • D-44139 Dortmund • Tel. (0231) 12 80 08 • FAX (0231) 12 56 40

Unsere Bücher im Internet: www.verlag-modernes-lernen.de